# 编委会

### 主任委员会

主　任：孙建国

副主任：宋秋生　穆中红　莫燕妮　黄松志

总策划：李承森

策　划：高　峰

### 专家委员会
（以姓名笔画为序）

马清温　白勇军　李承森　肖　方　高　峰　郭　毅　戴进业

### 编写委员会

主　编：李承森

副主编：詹小康　张　毅　张　杰　陈国东　李跃卓　朱飞飞　陈如江
　　　　韩克勤　周　婷　郑聪辉　郑文泰　王世力　李榕涛　梁志方

编　委（以姓名笔画为序）：

马　达　马清温　王　丹　王世力　王合升　王海昌　方　圆
史克锋　白勇军　朱飞飞　乔依轮　李　晶　李亚鹏　李志超
李承森　李跃卓　李榕涛　肖　方　宋玉爱　张　杰　张　强
张　毅　陈伟岗　陈江海　陈如江　陈国东　周　婷　郑文泰
郑聪辉　胡亚玲　徐　健　徐　康　高　峰　郭　毅　黄　静
黄芳惠　龚思宇　符鹤飞　梁志方　韩克勤　詹小康　戴进业

## 主编单位

中国老科学技术工作者协会中国科学院分会

## 参编单位

海南省研学旅行协会
海南省野生动植物保护管理局
海南陵水猴岛旅业发展有限公司
海南槟榔谷黎苗文化旅游发展有限公司
中国热带农业科学院香料饮料研究所
三亚自然博物馆
海口泓旺农业养殖有限公司
海口泓盛达农业养殖有限公司
海南汇思盟商务会议服务有限公司
万宁兴隆热带花园
中国医学科学院药用植物研究所海南分所
陵水县野生动植物保护协会
三亚市天涯海角旅游发展有限公司
国家航天局高分辨率对地观测系统海南数据与应用中心

## 支持单位

海南陵水猴岛旅业发展有限公司
海南槟榔谷黎苗文化旅游发展有限公司
中国热带农业科学院香料饮料研究所
三亚自然博物馆
海口泓旺农业养殖有限公司
海口泓盛达农业养殖有限公司

跳跃抢食的猕猴

# 前　言

　　人的一生是学习的一生，从小学到大，活到老，学到老。学习可以拓宽视野，学习可以打开新的天地，学习可以使人进步，学习可以使人聪明。人们可以通过阅读图书和上课学习知识，也可以通过自己的实践获得知识。我们在接触大自然、参与社会生产中，可以通过自己的分析、思索和努力，解决在生活中遇到和发现的新的科学问题，由此获得新的知识。

　　研学路上有课堂，最好的课堂在"路上"。行万里路，读万卷书。在人生旅途中，一草一木、一山一水、一情一景、一人一物，皆饱含知识。研学实践活动就是通过研究性学习和科学性实践来提升青少年发现、分析和解决问题的能力。不同于一般的课堂教学，研学实践具有多学科交叉融合的特点，引导青少年面对各种科学问题，利用已经掌握的知识主动探索、独立解决科学问题，提升科学素养，从小研究科学，享受科学研究的乐趣，传承科学精神，拓宽人生未来道路。

海南岛位于热带海洋中，岛上有河流与湖泊、高山与平原、植物与动物、民族与文化等多种自然现象和社会元素，是青少年开展研学实践活动的理想场所。

海口一带的火山地质遗迹可以让我们探秘史前时期火山爆发的剧烈过程、认识岩石结构、学习火山地质知识，在火山村感受先民在灾难之后浴火重生的艰难历程，以及了解他们从大自然中获取生活物资的本领。

海南岛上的生物多样性极为丰富，大量的生物资源是人类赖以生存和发展的物质基础。在万宁兴隆地区，可以观察热带动植物，探究如何保护生物多样性与可持续利用生物资源，为建设美丽海岛出谋划策。

南湾陵水猴岛拥有美丽迷人的海滨，岛上生活着许多活泼的猕猴，海湾里是疍家人的水上家园。海岛建设者力求协调好猕猴、岛民和访客三者的关系，构建一个人类与动物和谐相处的美好家园，与远方来客共享美好时光。

黎族与苗族人民世居在保亭甘什岭热带山地雨林里。他们建村立寨，与大自然朝夕相处，既从雨林里获取生活物资，又保护生态环境。走进槟榔谷，我们将感受人与自然和谐相处的美好生活，提升保护大自然的意识。

人类来自大自然，依靠大自然生存发展。三亚海滨得天独厚的优越自然条件为人类提供了享受大自然的理想场所。我们要融入大自然，不仅要感受大自然的美妙，更要保护好大自然。

中国老科学技术工作者协会中国科学院分会

2022 年 6 月

变色树蜥

## 概 要

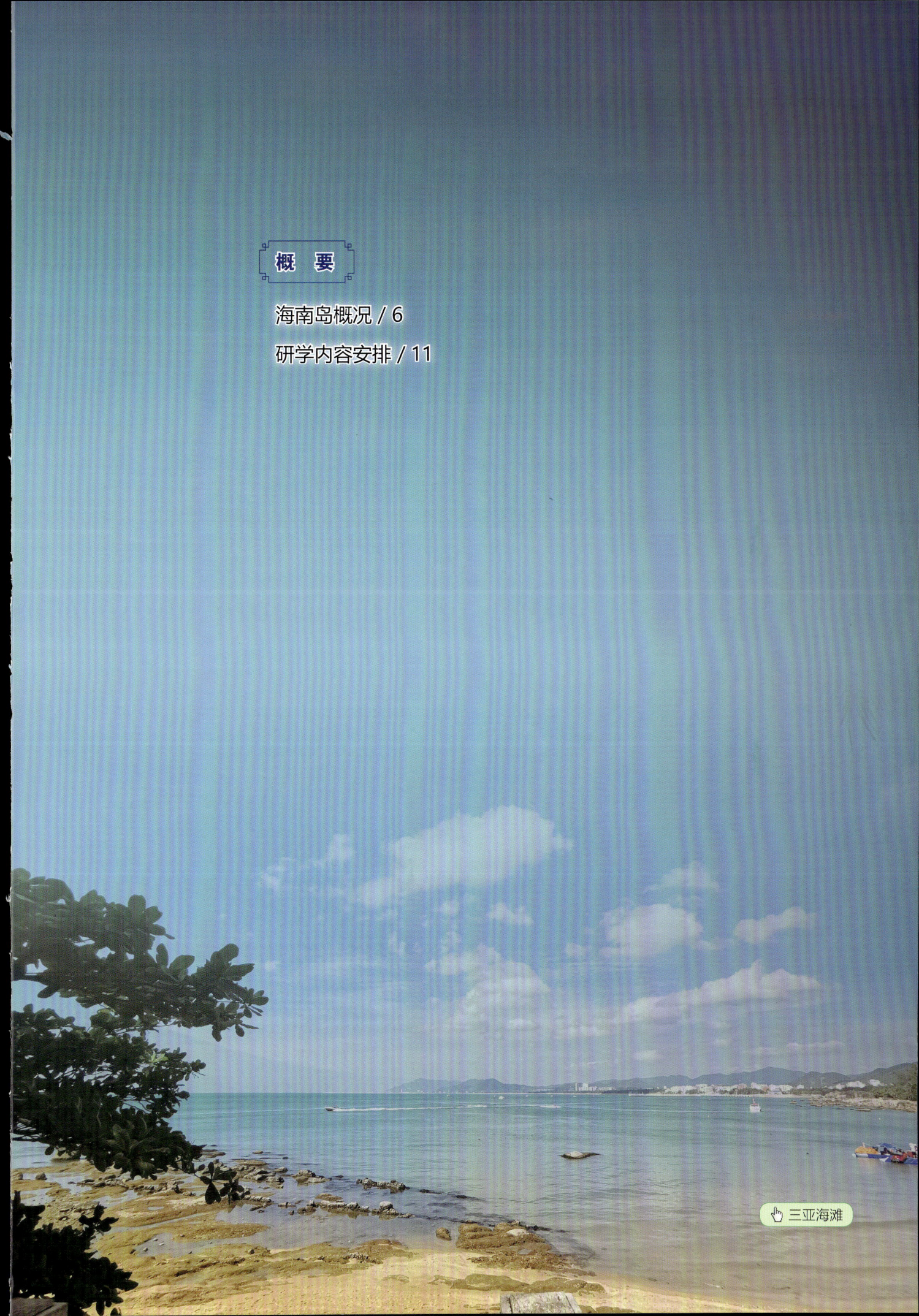

海南岛概况 / 6

研学内容安排 / 11

三亚海滩

# 海南岛概况

## 1. 行政区划

海南岛（北纬 18°10′～20°10′，东经 108°37′～111°03′），长轴呈东北至西南向，长约 290 公里，西北至东南宽约 180 公里。海南岛的陆地面积为 3.39 万平方公里，是我国仅次于台湾岛的第二大岛，海岸线长约 1944 公里。

1988 年 4 月 13 日，第七届全国人民代表大会第一次会议审议通过《关于设立海南省的决定》，决定批准设立海南省（简称"琼"），省会设在海口市。海南省（别称琼州）位于中国最南端，南海之中，北以琼州海峡与广东省划界，西隔北部湾与越南相对，东面和南面在南海中与菲律宾、文莱、印度尼西亚和马来西亚为邻。海南省辖海南岛、西沙群岛、中沙群岛、南沙群岛的岛礁及其海域。海南省陆地加海洋面积为中国第一大省。人口达到千万级。

第七届全国人民代表大会第一次会议同时审议通过了国务院关于建立海南经济特区的议案，决定划定海南岛为海南经济特区；授权海南省人民代表大会及其常务委员会，根据海南经济特区的具体情况和实际需

火山地区的榕树

第一册 导论

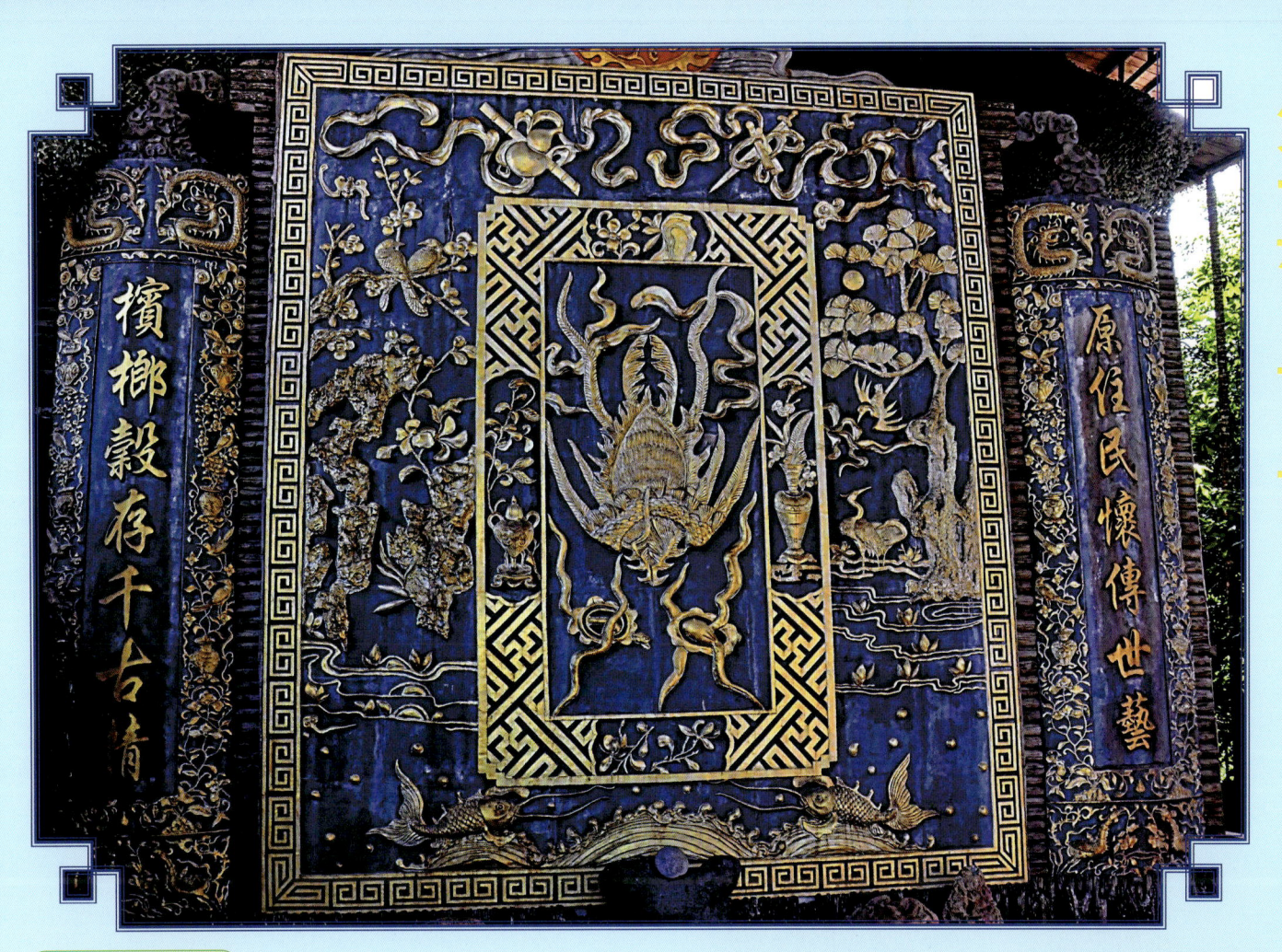

黎族龙被的雕塑

要，遵循国家有关法律、全国人民代表大会及其常务委员会有关决定和国务院有关行政法规的原则制定法规，在海南经济特区实施，并报全国人民代表大会常务委员会和国务院备案。

2009年12月31日，国务院发布《国务院关于推进海南国际旅游岛建设发展的若干意见》（国发〔2009〕44号）。自此，海南国际旅游岛建设正式步入正轨，目标是将海南建设成为世界一流海岛休闲度假旅游胜地，成为开放之岛、绿色之岛、文明之岛、和谐之岛。

2020年8月24日，海南公布了中英双语版《2020海南自由贸易港投资指南》，旨在为全球投资者提供服务。2021年6月10日，第十三届全国人民代表大会常务委员会第二十九次会议通过《中华人民共和国海南自由贸易港法》，自公布之日起施行。在海南全岛建设自由贸易试验区和中国特色自由贸易港，是中国政府着眼于国际国内发展大局做出的重大决策。

南湾陵水猴岛上的猕猴一家

第7页

山地雨林中的村寨

## 2. 自然地理

海南岛是大陆型岛屿。岛屿中部隆起成为山地，环岛四周的地势平坦。山地以五指山、鹦哥岭为中心，地势高度向外围逐级下降，由山地、丘陵、台地，最后到平原，构成海南岛的环状地貌。海南岛的河流大多发源于中部山区，形成向岛屿四周辐射状延伸的水系。南渡江、昌化江、万泉河为海南岛的三大河流。以南渡江中游为界，海南岛上的南北景色迥然不同。

南渡江以北地区是宽阔平坦的玄武岩台地和火山熔岩地貌，与雷州半岛的地势相近。在地质历史时期，海南岛与雷州半岛原本相连。在大约1万年前，两地之间形成一条长达80公里、宽约20公里的琼州海峡，彼此分开，隔海相望。

南渡江以南地区是高山、丘陵、台地和平原构成的地貌。海南岛的山地属于丘陵性低山。山形高峻而圆浑，山体主要由花岗岩组成。山脉分为3列，均呈东北—西南走向。东列为五指山山脉，中列为黎母岭山脉，西列为雅加大岭山脉。岛内最高的山峰是五指山，海拔1867米。丘陵之间的盆地适合农林业生产，尤其适合种植橡胶。丘陵外围分布有台地和阶地，以玄武岩台地为主。环岛滨海平原由海岸平原、潟湖平原与三角洲平原组成。平原地带多种植水稻。海岸主要为火山玄武岩台地的海蚀堆积岸、海积阶地岸和小港湾。海岸以热带红树林海岸、珊瑚礁海岸和沙质海岸为主。沙滩宽，坡度缓，沙白如絮，海水清澈。

海南潮汐主要是太平洋潮波经过巴士海峡和巴林塘海峡进入南海后形成的。海南岛沿岸潮流（表层潮、底层潮）有三种类型：正规全日潮流、不正规全日潮、不正规半日潮。海南岛环岛沿岸表层海水的年均盐度为32.65‰，比我国北方沿岸的海水盐度（28‰～30‰）略高。

山地雨林保护区

飞向海南

第8页

## 3. 气候

海南岛位于东亚季风区，属于热带季风海洋性气候，夏无酷热，冬无严寒，年平均气温为 22.5～25.6℃，一月平均气温为 17～24℃，温暖如春，七月平均气温为 28～32℃；降水充沛，年降水量为 1500～2500 毫米；降水多在夏季，冬季、春季干旱，干湿季分明。海南岛位于北回归线以南，终年太阳高度角大。夏至前后，太阳两次位于天顶，日照充足，太阳辐射能量大。

## 4. 自然资源

热带岛屿的植物多样性是全球生物多样性保护的重点和研究热点。海南岛是我国唯一具有岛屿型热带雨林的物种基因库，以热带植物种类为主，具有丰富的植物多样性。

海南岛是天然"物种基因库"，有"南药王国"之誉。海南岛的植物以热带种类为主，且种类极为丰富。因为海南岛受第四纪冰川的直接影响较小，所以岛上的古老原始植物类群比较多，如苏铁科、买麻藤科、罗汉松科、松科、木兰科、金缕梅科、山茶科等，以及野生稻、野荔枝、野生茶等珍贵野生资源。

全岛有维管束植物 4600 多种，隶属于 233 科 1201 属，其中 80% 为泛热带科和亚热带科，有龙脑香科、番荔枝科、肉豆蔻科、棕榈科、无患子科、红树科、樟科、桃金娘科等。乔木群落的植物种类成分包括樟科、大戟科、豆科、番荔枝科、壳斗科、桑科、桃金娘科、木兰科、山榄科、楝科、棕榈科等；林下植物有茜草科、紫金牛科、野牡丹科、竹亚科和芸香科等，以及大量的蕨类植物。温带植物相对较少，有鹅耳枥属、槭属、杜鹃花属和三尖杉属等，多分布于山地等地区。海南省的省树为椰子和黄花梨[①]，省花为三角梅。

---

① 学名为降香。

攀缘的猕猴

海南岛的自然植被属于热带岛屿型，包括热带季雨林、热带雨林、常绿阔叶林、红树林、针叶林、灌丛和草原等类型。热带季雨林分为常绿季雨林和落叶季雨林。热带雨林分为沟谷雨林和山地雨林。常绿阔叶林分为山地常绿阔叶林和山顶矮林。红树林分为海滩红树林和海岸半红树林。海南的山岳绵延起伏，气势雄伟。山区热带原始森林分布在乐东尖峰岭、昌江霸王岭、陵水吊罗山和琼中五指山4个地区。

海南岛自然条件优越，具有丰富多样的生态系统和多种多样的生态食物链，滋养着万千动物。海南岛上已经记录的陆生动物中有哺乳动物78种、鸟类453种、爬行动物113种、两栖动物43种、纯淡水鱼154种、河口鱼141种、海产鱼600多种、无脊椎动物1320多种、昆虫880多种。海南国家级重点保护陆生野生动物共有161种，其中哺乳纲15种、鸟纲121种、爬行纲13种、两栖纲2种、昆虫纲9种、蛛形纲1种。

由于海洋的隔离作用，海南岛演化出动物的独立亚区，产有海南鹿、海南兔、海南毛猬、海南鼯鼠、海南山鹧鸪、海南画眉、霸王岭睑虎、海南睑虎、周氏睑虎、海南脆蛇蜥、鳞皮小蟾、乐东蟾蜍等海南特有种，以及棕腹隼雕、橙胸绿鸠、盘尾树鹊、灰喉针尾雨燕等在国内仅见于海南岛的鸟类。海南岛的国家级重点保护动物有海南长臂猿、坡鹿、穿山甲、海南山鹧鸪、孔雀雉、鹦鹉螺、猕猴、海南水鹿、海南兔、白鹇、原鸡、绿海龟、玳瑁、山瑞鳖、虎斑蛙等。

海南矿产资源种类丰富，已发现的矿产有88种，主要包括石油、天然气、黑色金属、有色金属、贵金属、稀有金属、化工原料、建筑材料，以及其他非金属矿等各类资源。海南岛是理想的天然盐场，其中最著名的是莺歌海盐场。

兴隆热带植物园湖边森林景观

第一册 导论

香蕉植株

## 研学内容安排

位于我国南海热带海洋中的海南岛是青少年开展研学实践活动的理想地区。我们在海南岛东部从北向南设计了一条研学路线，依托海口、兴隆、陵水、保亭和三亚五个地点中的研学基地，聚焦雷琼火山群与火山文化、热带植物与侨乡风情、猕猴家园与南湾风情、山地雨林与黎苗风情、热带海滨与养生文化的研学主线，通过青少年实地科学考察，围绕科学问题和所设置的研学小课题，采取小组形式互帮互学，探究未知世界里神奇的自然和人文现象。研学实践将激发青少年探究大自然的好奇心与兴趣点，自主发现科学问题，提升动手解决科学问题的能力，丰富科学知识，扬帆启程，走上科学生涯。

香蕉果实

## 1. 神奇的第四纪火山地质遗迹

位于雷州半岛与海南岛北部的火山群被联合国教育、科学及文化组织（简称联合国教科文组织）命名为中国雷琼世界地质公园，保存着101座第四纪火山口，记录了近200万年雷琼地区壮观的火山活动。这里曾经经历了山崩地裂的火山爆发过程，伴随着猛烈的爆炸声，地动山摇，炽热的岩浆沿着地壳裂缝，冲开地面，挟裹着火山角砾和火山碎屑喷薄而出，冲上天空射向四周。浓浓的火山灰就像滚滚乌云，翻腾着冲上高空。温度高达1200℃的岩浆翻越出火山口，如同一条条火龙，翻滚着，扭动着，冲向远方，流向低洼处，填满沟壑河谷。滚动的火龙烧毁森林，摧毁阻隔障碍，一往无前，以其蕴含的无限能量改变了大地面貌，宣告大自然的神奇与无所不能。火山活动在摧毁一个固有天地的同时，又创造出一个崭新的世界。浴火重生之后，一座崭新的海南岛屹立在南海之中。

棕榈树

飞向海南

火山地区柱状玄武岩

第12页

三亚地区的椰林

## 2. 热带动物与植物的天堂

　　位于世界热带雨林最北缘的海南岛，全年光温充足，植物终年常绿，鲜花四季盛开，稻可三熟，菜满四季，森林覆盖率超过50%。海南岛作为热带生物资源宝库，生物多样性极为丰富。植物种类多达5000余种，有挺拔的椰林，有珍贵名木海南黄花梨，有生命力极强的野菠萝，有郁郁葱葱的"海岸卫士"红树林，还有被赞誉为长寿树的6000年高龄的"南山不老松"龙血树。重要经济作物有橡胶、椰子、油棕、胡椒、腰果、咖啡、可可等。作为"天然药库"的海南岛，有可入药动植物2000多种，包括著名的"四大南药"——槟榔、益智、砂仁、巴戟天。海南陆生脊椎动物包括两栖类、爬行类、鸟类、哺乳类等，有世界罕见动物海南长臂猿和坡鹿，还有珍贵动物水鹿、猕猴、云豹等。

第13页

### 3. 猕猴家园——南湾半岛

海南岛东部的陵水南湾半岛三面环水，一面靠山，是我国的猕猴自然保护区，也是唯一的岛屿型猕猴自然保护区。南湾半岛成为世世代代生活在此的30多群2000多只猕猴的家园。南湾半岛的岛民和建设者努力建设好南湾半岛，为猕猴的生存发展创造良好条件，为远道而来的参观者提供优质服务。

可爱的小猕猴

南湾猴岛——呆呆岛

飞向海南

## 4. 养生之地与长寿之乡

海南岛一年四季气候温和，热带风光绮丽，绿地覆盖率大，负氧离子含量极高，空气质量优，堪称全国第一。舒适宜人的自然环境使海南岛成为绝好的强身养生之地，自古以来就是长寿之乡。

## 5. 民族文化、华侨文化、疍家文化的博物馆

海南岛是多民族聚居的地方，汉、黎、苗、回、壮、瑶等30多个民族居住在此，是中国唯一的黎族聚居区。岛内有归侨、侨眷上百万人，是中国的主要侨乡之一。

各族人民祖祖辈辈生活在海南岛上，共同建设自己美好的家乡。3000多年前，百越的一个分支从两广横渡琼州海峡来到海南岛，成为黎族的祖先。苗族大约在明代落籍海南，与黎族共创绚丽多彩的热带海岛文化。黎族有哈、杞、润、赛、美孚5个方言（分支）。黎族和苗族先民在这块土地上刀耕火种，勤劳勇敢、聪慧友善、能歌善舞，创建了黎村苗寨。黎族更创造了中国纺织史上最早的织锦工艺。

生活在海南岛东南沿海的疍家人被称为"海上吉卜赛人"。他们是清末年间从广东顺德、番禺一带顺

黎族的木雕人物

学生在三亚大佛石海滨景观

海漂泊迁移到这里的，以捕捞、采珠、水运为生。他们世代浮家泛宅，以水为生，被称为"水上居民"。时至今日，疍家人赖以生存的水上鱼排依旧是一片海上风景。

海南岛是我国的主要侨乡之一。早至清朝后期，大批海南人远渡重洋，侨居海外。海南各地的骑楼老街记录了19世纪初南洋归侨的足迹和业绩。一座座南洋风格的楼宇及其展现出的巴洛克风格的雕塑和洋派装饰，赋予了骑楼老街异国他乡的情调。1949年以后，新中国吸引了来自世界各地的华侨，尤其是来自东南亚的大量华侨定居在海南岛。

海南黎族的歌舞、苗族的强悍、回族的柔美、疍家水上风光及韵味悠长的华侨文化装点了美丽的海南岛，使其成为海岛璀璨人文历史的博物馆。

黎族的火崇拜